2017년 고골 법화골

아름다울 가

초판 1쇄 인쇄일 | 2025년 7월 30일
초판 1쇄 발행일 | 2025년 8월 5일

지은이 | 최민정
펴낸이 | 맹경화
펴낸곳 | 도서출판 푸른산
디자인 | 단청
그림 | 권동욱, 김진영
자문 | 이삼례 시인

등록 | 제 301-2013-107호
주소 | 서울시 중구 을지로18길 25-2 302호
TEL | 02-2275-3479
FAX | 02-2275-3480
E-mail | csmac69@hanmail.net

이 책자는 저작권법에 의해 보호를 받는 저작물로 저자와 출판사의 허락 없이 내용의 일부를 인용하거나 발췌하는 것을 금합니다.

• 책 가격은 뒤 표지에 표시되어 있습니다.
• 지은이와 협의에 의해 인지는 생략합니다.
• 잘못된 책은 교환해 드립니다.

푸른산시선집 238

아름다울 가

최민정

시인의 말

안녕하세요. 저는 경기도 하남시에 소재하는 '법화골'에 살면서 '시인'이 되고 싶었습니다. 아름다운 '시'가 있는 동네였고, 아름다운 그림이 속삭이듯 사람들을 불러 모으는 올망졸망한 제 각각인 집들이 모여있는 산골이었습니다.

집 주인아저씨는 베트남 전쟁을 치르신 분이었고, 아래쪽 사시는 할머니는 결혼도 안하신 예쁜 꽃양산을 쓰고 다니시는 소녀 같은 분이셨고, 이런저런 이야기를 들어주던 벽에 시를 쓰는 시인님은 지금까지 둘도 없는 친구가 되었습니다.

저는 가끔 이 곳이 그리워지는 날에는 밤새 연기가 풀풀 나는 나무타는 냄새를 쫓고 있는 저를 발견합니다.

'숨 쉴 수 있는 곳이 여기구나' 생각에 숨을 들이키고 내뱉기를 여러번...

사실 저에게는 중증정신장애인이 된 동생이 있습니다. 동생을 위해 할 수 있는 일은 오로지 글을 쓰는 일이었습니다. 이렇게 하지 않으면 제 동생을 알리고 도와달라고 할 수 있는 방법이 이뿐이었으니깐요.

2018년은 가장 힘들었고, 가장 아름다웠으며, 잊지 못할 순간들, 하얀 눈이 펼쳐지는 들판에서 빛이 반짝거리는 듯한 찰나들을 모았습니다. 함께 호흡할 수 있는 듯한 시들입니다. 고이 정성껏 모았습니다. 이렇게 묶어서 제 인생의 첫 시집을 내게 되어 마음 깊이 감사합니다.

2025년 여름
시인 최민정

시인이 된 '최민정' 입니다.
자신이 할 수 있는 일이 글쓰는 일뿐이었던 순간에
글을 쓴 작가입니다. 글을 통해 세상과 소통합니다.

instagram: @healing.with

차 례

시인의 말 • 4
에필로그 • 114

**제1부
마음의 청소 시간**
—

숲이 있다 • 15
사랑하는 나 • 16
빗물 • 17
노오란 민들레 • 18
그거 아니? • 20
꽃비 • 22
사랑 • 24
찐 호박 • 25
내가 키운 수박 • 26
파아란 하늘 • 28
마음의 청소 시간 • 29
그리움 • 30
친구 • 31
시작 • 32
세상에서 제일 필요한 존재 • 34

두 짝 • 35

인생은 라이브야 • 36

수리수리 마수리 • 37

달빛 그림자 • 38

병아리 장례식 • 39

제2부
참 고운사람
—

고향을 그리워하는 사람들 • 43

따뜻한 화장실 • 44

지각 • 46

봄, 여름 가을 겨울 • 47

아이에게 • 48

고통의 해결법 찾기 • 49

수선 • 50

바람 • 51

재간둥이 • 52

동상이몽 • 53

하얀 민들레 • 54

찬 바람 • 55

아직도 나는 나의 사랑에 머물고 있다 • 56

참 고운 사람 • 57

당신을 볼 수 있었으면 좋겠습니다 • 58

매일 시를 쓰면 • 59

내가 너를 사랑하면 • 60

편하니? • 61

말하지 그랬어 • 62

이해 • 63

엄마는 • 64

제3부
아름다울 가
―

벼락치기 • 67

익숙함에 대한 결별 • 68

침묵 • 69

믿음 • 70

은행나무에 서서 • 72

은혜로운 • 74

소리 • 75

사람 • 76

요리 • 77
맛있다 • 78
불법체류자가 어딨어 • 79
민들레 • 80
왜 이제야 • 81
멀리 보지 마 • 82
장희에게 보내는 편지 • 83
아름다울 가 • 84
아직도 난 • 86
살랑이는 바람 • 87
계란찜 • 88
내 마음은 내가 더 잘 안다 • 89

제4부
행복이 알알이
─
살아가는 방법 이야기 • 93
행복이 알알이 • 94
봄 사세요 • 95
녹음 • 96
그 어떤 이야기 • 98

수도꼭지 • 99
슬픔을 모았다 • 100
빗소리는 음악소리 • 101
눈치 • 102
광주향교 • 103
엄마 어디 있어요 • 104
현재 • 105
채워지는 시간 • 106
듬뿍 • 107
허공 • 108
자세 • 109
거친 사람이 • 110
그려나가는 일 • 111
지독한 숨결 • 112

제1부

마음의 청소 시간

숲이 있다

내 마음에 우거진 숲이 있다
하염없이 들어가
숨 쉴 수 있는 곳
그곳은 숲이다
쉬- 쉬-

숲에 들어간다
쉴 수 있는 숨을
고르고
돌아오려고 한다

기다려 주세요
숲이 있어서
다녀올게요

숲이 있다

내가 본 숲의 풍경 중에서

사랑하는 나

이 햇살 한 줌도
내게는 빛이다
빛이 있으니
내가 있다

이 소리도
내게는 꿈이다
꿈이 있으니
내가 있다

시간도
충분하니 좋다
좋으니
나다

빗물

당신 올 거라고 알고 있었어
촉촉하게 젖어버린 내 마음을 닦아주려고 온다는 사실도

나는 비가 좋아

계속 내리다 보면
내 곁에 빗물처럼 울지 않아도 된다고 말하는 것 같아

대신 울어주는 비야
한 번씩 내려주는 비가 내 곁에 위로하며
나를 안아주네.

노오란 민들레

'감사'를 가지고 있는 '민들레'야!

나는 너를 기억하고 있어
바로 자신이 꽃씨였다는 사실을

언젠가는 하얀 민들레 홀씨로 날아오를 수 있을 거란 걸

친구처럼
서성이며
옆에 있어주는
'민들레'야!

오늘도 민들레
내일도 민들레
감사해 민들레

그거 아니?

어떤 이의 글을 읽고 있으면
글에서 향기가 나

짙어지고 고혹적인 향기가 나고
늘 다채로운 달콤한 맛이 나는

가을향이 느껴지는 향기 말이야

만약에 다시 내가 글을 쓸 수 있다면
나는 꼭 이렇게 말하고 싶어

그거 아니?

내게는 사계절의 향기가 나.

꽃비

하늘에서 꽃비가 내린다
때에 따라 내리는
꽃비랑 다르다

행복
그리고
아름다움이

쏙쏙이 들어박혀서
가을 향기를 내뿜으며
단단한 줄기 위로 태어난
코스모스 꽃비가
내린다

꽃비는
자기 숨결을 숨기지 않는다

그저
꽃비답게
살랑살랑 웃으며
나를 적셔 준다

사랑

사랑이 내게 왔을 때
속삭이며 말했네

조그맣게
다치지 않게
'보살펴 줄게'라고

내가 사랑에게 말했네
아프지 말고
네 곁에
'영원히 함께 할게'라고..

찐 호박

한 번도 먹어보지 못한
찐 호박이
넝쿨째 내게 들어온다

딱딱해 보이고
맛없게 보이는 호박이
나를 맞이한다

끝내 한 입 먹고
버릴 줄 알았던 그 호박이
나를 매료시켜
계속 먹게 한다

이따금씩 한 입 두 입
입안에서 녹아 사라진다

미처 몰랐던 찐 호박이
이렇게 내 몸과 마음에
부드러움으로 감싼다

내가 키운 수박

난생처음 수박을 키워 보았다

보자마자 기절할 정도로 큰 수박

꽃은 얼마나 이쁜지
노랗게 봄처럼 예쁜 모습을
활짝 내뿜는 모습이
황홀할 정도다

너무 신기하고 놀라운 지

설마설마했던
우리 막내가
모르고 수박을 땄다

이내 수박을 먹을 수밖에 없었다

수박을 퍽 잘랐을 때
쩌억 벌어지는 모습은
아직 어린 수박에 귀여움이 서려있었다

가족 모두 옹기종기 다 같이 시식하는 이 맛은
오이보다 시원한
아직 익지 못한 달콤함이
내가 사는 양평으로 다가가는 탄생을 알렸다.

파아란 하늘

파아란 하늘
맑고 청명해서
하늘 보기를 몇 번 했는지 몰라

구름 찾아보고
하늘 다시 보면서
귀한 선물 받은 양
내 마음이 기쁘게 웃는다

끝없이 펼쳐지며
꿈꾸는 커다란 파아란 하늘

마음의 청소 시간

비가 내린다
하염없이 내려준다

내 마음이 씻기는 시간

그 속에 나는 녹았고
물바다가 된 세상에
나는 나를 집어넣는다

하루종일 내 마음이 청소가 되었다

반짝반짝 빛날 내일만 보이는
날들만 기다려 질뿐…

그리움

밤새
너에게
편지 쓰고 싶다

밤새
너에게
이야기하고 싶다

밤새
나는
너를 헤아리고 있다

밤새

친구

숨을 쉬게 해주는 사람

나를 기다리는 사람

나의 고통마저 침묵하며 지켜봐 주는 사람

시작

바람 소리가 들려온다
땡그랑 흔들거리는 풍경이
나를 재촉하듯
인사를 한다

기찻길 위에 서서
다시는 돌아가고 싶지 않다고
외치는 나와
다시 시작하자고
나를 믿는 내가 길가에 서 있다

따뜻한 마당으로
들어와 앉아 햇살 목욕을 하고
곤히 자는 내 마음을 두드린다

이내, 문 안으로 들어간 뒤
누군가를 만난다

"안녕하세요!"
"안녕하세요!"

내 것을 내주고
돌아오는 것은
나의 또 다른 길…

생명의 시작을 알리는 듯한
설렘으로
내게 건네는 손길은
나를 어떤 얼음으로 만드는
어느 추억 날 같다

나는 다시 얼음을 깨고
시작을 알리는 전사가 되고 싶다

그렇게 나는 칼산공방에서 나를 '시작'했다.

세상에서 제일 필요한 존재

마음 약한 내가
필요한 존재가 되었다

나

그리고

아이와 남편의 빨래더미를 보며
나의 숨결과 사고로
하나씩
하나씩
접어나가는
나의 손길이 있다

두 짝

꼭 한 사람처럼
둘이 하나인 것처럼
그 두 짝은 서로를 느낀다

두 짝은
더 이상 하나가 아니어도
하나다

같이 움직여야
완성되는
두 짝

그것은 너와 나

인생은 라이브야

연습이 없어

그냥 하는 거야

느끼는 대로
말하는 대로
이루질 거야

지금도 달콤한 내 꿈이
속삭이듯
숨을 쉬며
움직이고 있다

인생은 라이브야.

수리수리 마수리

가장 친해져야 할 사람은
'나'다!

수리수리 마수리

마법에 걸린 마녀처럼
서쪽 하늘을 보며
주문을 외운다

수리수리 마수리

나의 마음을 '수리'해라
이얍!

달빛 그림자

우연찮게 다가 온 달빛이
구름 뒤에 그림자를 숨긴다

너무 예뻐서
빤히 쳐다보다가
달콤함을 마음으로 맛보고
집안으로 걸어들어간다

곰곰이 생각에 꼬리를 문다

'그림자는 이제 어디 갔을까?'

문을 벌컥 다시 열어
쳐다본 밤 풍경은

솜털 같은 구름이
달빛을 포근히 감싸안아주는
엄마의 사랑이 스며드는 '달빛 그림자'였다.

병아리 장례식

딸이 운다
엉엉

소리 없이 평안하게 가라고
.
.
.
.
.
.

집 마당에 삽으로 흙을 퍼내고
포근하게 덮어준다

기도한다
엉엉

천국 가라고.

제2부

참 고운사람

고향을 그리워하는 사람들

누구나 어린 시절을 떠올리며
그때로 돌아가고 싶어 한다

그 그리움을 무엇에 담을 수 있을까?

아련하게 기억을 저장시키며
작게나마 희미하게나마
부활시킬 수도 있을까

아주 작게나마
아주
작게

따뜻한 화장실

대피할 곳이 있다면
화장실

나를 녹일 수 있다면
화장실

화
장
실

삼가 고인의 명복을 빕니다.

지각

분주히 나를 깨달으며 지각한다
이번만은 다시 살게 해달라고

겸손히 기억을 쌓는다
손과 눈이 마음을 쓸어 담는다
이번 만은 제대로 살게 해달라고

시끄러운 침묵이 섞인 전쟁 같은 하루에
서성이는 나를 지각하며…

봄, 여름 가을 겨울

나의 봄은 양평에서 시작되었다.
지친 내 몸이 누울 곳이 필요했었는데…

드넓은 잔디와 아늑한 텐트 하나 설치하고
내 상상을 진득하니 지켜보면서…

나를 키우고 있다

봄,
여름 가을 겨울

나는 봄에 기대어 여름 가을 겨울을
내 영혼으로 느끼고 있다

스치는 소리에도 귀 기울이며…

아이에게

내가 꼭 차별하지 않겠다고
이야기했는데…

틀림이 아니라 다름이라고
이야기했는데…

아이는 왈칵 울음을 쏟아냈다

죄송하다고
미안하다고

서로 부둥켜안고
쌕쌕거리며
쏟아지는 잠을 청한다.

고통의 해결법 찾기

눈이 뻑뻑하다
좋은 것을 보고자고 했는데

허리가 삐걱거린다
바른 자세를 가지려고 했는데

맑은 공기 마시며
푸른 하늘을 보며
눈을 쉬게 해야지

사유할 수 있으며
끊임없이
고통을 잊을 때까지
걷도록 해야지

걷다 보면
후드득 떨어지는
잎사귀처럼
다 해결되겠지.

수선

한 번 더 크기를 보고
한 번 더 맞추고
한 번 더 꼼꼼히 자른다

한 번 더 꼬맴을 확인하고
한 번 더 씩씩하게
입어서 삶에 맞춘다.

바람

바람이 솔솔 재워준다

조금만 자도 돼
잠깐 기대도 돼

따뜻한 바람이야

기대었다가
가기로 해

바람이 오늘도 내 곁에 살다 간다.

재간둥이

재간둥이들이
"엄마!"라고 부른다

연이어
시끄럽게
짹짹짹
노래한다

노래가
끝났는지
우르르
엄마를 찾는다

"엄마~~~!!"

동상이몽

내가 말했다

"시윤아 수영복 싸가지고 가자"

시윤이가 말했다

"수영복이 싸가지가 없다구?"

피식피식 같이 웃어댄다.

하얀 민들레

시린 가슴 부여잡고
울음을 토해내던
어린이는

따뜻한 가슴을 안고
두 손을 포개어
기도하는
어른이 되었습니다

웃지 못했던 소녀는
그렇게
환하게 꽃이 되어
날아갔습니다.

찬 바람

나를 깨우는 시선

나를 일깨우는 한마디

휘…

차가 차가

내가 지금 무엇을 해야 하지?

내가 무엇을 멈추어야 할까?

찬바람이 나.

아직도 나는 나의 사랑에 머물고 있다

사랑 속에 허우적대며
내 눈이 멀어지도록 깊이 넓게 빠져있다
바다에 빠진 사람처럼…

알면서도
내 가슴이 시키는 일을 하며 따라왔을 뿐인데
이토록 가슴 저리게 뼈저리게 사랑하게 될 줄이야

사랑은 느닷없이 오는 선물이고 달콤한 기억도 있으나
머무름에 고독에 공생하는 아픔을 감내해야 하는 것이

'사랑…'

아직도 나는 나의 사랑에 바다처럼 머물고 있다.

참 고운 사람

노을보다 더 빛나는 사람이 있다면
아마도 당신일지도 모릅니다

따사로운 햇살처럼 빛나는 사람 있다면
그것도 아마 당신일 것입니다

새하얀 이를 다 드러내고
눈 웃음이 사라지도록 웃는 사람이라면

당신
당신
당신

아마도 당신일 테지요.

당신을 볼 수 있었으면 좋겠습니다

내 눈이 멀어지지 않게
당신을 볼 수 있었으면 좋겠습니다

가끔은 내 눈이 의심치 않게
눈이 부셔서 안 보일 때가 많습니다

죽는 날까지
꼭 당신을 볼 수 있었으면 좋겠습니다

내 옆에 있어줘서 고마운 당신 덕분에
저는 오늘도 살아갑니다

당신을 계속 볼 수 있었으면 좋겠습니다.

매일 시를 쓰면

하루가 행복해지고
하루가 따뜻해지며
내가 빛이 되어
사람들을
기쁘게
해 줄 수 있다

매일 시를 쓰면

내가 너를 사랑하면

네가 나를 바라봐 줄까
내가 이렇게 하면

네가 날 잊었을까
내가 안 보이면

네가 날 기억할까
내가 있다는 것을

네가 그리워지는 날이면
나는 네 곁에 없을 것 같아.

편하니?

그렇게 살면 좀 편하니?
행복하니?
평생 그렇게 살고 싶니?

편하니?
나는 불편해

편하니?
나는 생각해

편하니?
너도 불편해.

말하지 그랬어

아프다고 말하지
어디가 아픈지 말하지

아픈 건지 모르는 거지?

많이 아프니깐
많이 아파서

너는 너만 생각하는구나

너는 너만의 세상에서 말하겠지
어디가 아프다고 어디가 다쳤다고
말하지

다 이야기한 거 맞지?

말하지 그랬어.

이해

하염없이 너를 이해해야 한다
나는 너를 소유할 수 없으니깐

나는 너를 이해한다

나는 너를 자유롭게 둔다

이해하는 내 마음은 바다보다 깊어
청량한 달콤함으로 무장하고 있다

언젠가는 내게 말하겠지
바닷소리를 들으러 오겠지.

엄마는

엄마는
여러 가지 모습을
가지고 있었다

자꾸 까먹고

좋았다가
나빴다가

바보였다가
천재였다가

엄마는 변신의 귀재였다.

제3부

아름다울 가

벼락치기

꾸준함이 빛을 발한다고 하더라

벼락치기로 살아가는 삶이
왜 이렇게 계속되는 건지..

벼락치기로 살기로 했다

꾸준한 벼락치기도
꾸준함이고
그 꾸준함도
다시 빛을 발하다고 말이다.

익숙함에 대한 결별

다정한 그 사람을 기억하고 싶어
결별하기로 했다

익숙해지면 함부로 하는 것이 싫어
이쯤에서 끝내기로 했다

감정이 격해질 때쯤
나는 나를 식혀줄 결별을 찾는다

탱탱 부은 심장을
보호하려고

나는 오늘도
결별을 한다.

침묵

분명히 모두 침묵을 지킨다

어느 틈에 나오는 소리들은
어둠을 깨고 빛이 나오는 소리처럼
침묵을 거부한다

침묵해야 하는 어둠의 시간

그 시간들은 꼭 지켜져야
아침이 온다.

믿음

여름이 그리워지는 날에는
이곳을 찾습니다

침묵이 그리워지는 날에도
이곳을 찾습니다

숨 쉴 수 있는 곳을 찾다 보니
여기였습니다.

은행나무에 서서

내가 이곳을 기억하는 것은
2015년이다

아이가 태어나고 아이가 첫 걸음마를
떼려고 했던 노오란 은행카펫트가
깔려져 있는 따뜻한 기억이 있는 곳

걸어 다닐 때마다
잠깐 쉬고 싶을 때
사랑을 느끼고 싶을 때

손 꼭 잡고
아이와 남편과
다시 오고픈
우리의 친구였다

걷다 보면
우리는 이곳에
취할 수밖에
없다

저 멀리 무지개가
내 곁에 가까이 오게
만드는 곳이
이곳이고

마음을 다듬어주는 곳도
이곳이었기에

나는 오늘도 그곳에
팔을 뻗어 어루만지는
엄마의 품처럼
넉넉해진다.

은혜로운

어떤 은혜로운 분이
내게 다가와 이야기했다
감동했다고
응원한다고

내가 글을 쓰는 동안
그분을 생각하며
써야 한다고

시작부터 끝까지
인내로 무장하게 된다

은혜로운 글쓰기

소리

청아하면서도
고혹적인 그녀가
따뜻하게 읊조리며
이야기를 한다

어디 보지 못함 직한
표현과
단어들이
내 머릿속을 헤집어
놓고
재료가 되어주신다

왜
왜왜

아팠을까?

깊이 그녀의 삶이 궁금해졌다.

사람

사람을 만나면
나는 한 사람의 역사를
만난다고
느낀다

걸어온다
한 사람의 도서관이
책처럼 펼쳐지며
내게
읽힌다

사람이라는 것은
그런 것

읽히는 내내
재미있고 사랑스럽고
고맙고
소중한
자신만의 별빛을
뿜어서 반짝거린다는 것

요리

함께 먹는다는 것은
천국과 지옥을 같이
경험하는 것

내가 먹는 것이
그 사람에게 맞으면
천국

내가 먹는 것이
그 사람에게 맞지 않으면
지옥

천국과 지옥이 왔다 갔다
교차하면서
우리는 요리의 완성은
이야기라고 마무리된다

요리시간은
알 수 없는 보장 없는
맛과 동고동락하는 여행이라는 것

맛있다

하얀 마시멜로는
푹신푹신

구워 먹으면
엄청 커지는 맛

하얀 마시멜로는
말랑말랑

그냥 먹으면
구름 먹는 맛

맛있다.

불법체류자가 어딨어

이방인이라는 느낌은
누구나 느낄 수 있다

당신이 어디로 간다면
느끼기 쉬운 다른 느낌

인사 한 마디라도
말 한마디라도

곱게 하면 어떠세요?

우리 같이 살아요.

민들레

안녕하세요
민들레예요

고운 마음이 있어서
여기저기 피어난답니다

안녕하세요
민들레예요

누군가를 사랑해서
이렇게 피어났습니다

안녕하세요
민들레예요

당신 곁에 맴돌면서
사랑할래요

안녕하세요
고마워요
저를 불어주세요
당신을 사랑하는 마음 곁에 늘 있고 싶어요…

왜 이제야

왜 이제야 나타났어요

이렇게 아름다운 곳이
내 눈앞에 펼쳐있다는 것이
얼마나 한없이 고마운지요

내 마음 다 적시려고 오셨어요?

천천히 오세요
스며들고 싶어요

지금 이대로

멀리 보지 마

너무 멀리 보지 마
가까이에 내가 이렇게 있잖아

나는 너무 가까이에 있어서
안 보이는 거야?

너무 멀리 보지 마
내가 늘 곁에 있다는 걸 잊지 마

나
너무
가까이에

있는 거야.

장희에게 보내는 편지

한 발자국만

딱
한 발자국만

나오면 돼

그렇게

두 발자국

딱
두 발자국만

나오면 돼

나오면
바람이 있고
햇살이 있고

사랑하는 누나가 서 있을게.

아름다울 가

굳이 엄마는 내 딸을 등에 업으신다

내가 힘들까 봐
내가 또 어디서 쓰러질까 봐
내가 누군가의 엄마이기 전에 내가 당신의 딸이라는
사실을 굳이 반복하며 말씀하신다

내가 뭐라고

佳

몸과 마음이 아프신 엄마지만 내 옆에
어느새 뒷머리 하얀 머릿결을 숨기며
자신의 본분을 다하려 애쓰신다

드라이브하며 같이 누리는 가을바람에 향기 나는
라디오 음악소리는 "사람이 꽃보다 아름다워~"라고
이름 모를 어떤 가수가 외치고 있다

나는 가사가 좋다고 넌지시 말하는데
엄마는 '佳'라고 한다

'아름다울 가'

사람이 아름다운 거라고.

아직도 난

나를 망설이고 있다

'나'라는 존재를 밖에서 바라보며
나를 지키고 있다

사랑하다 보면
다칠 줄 알면서

나는
사랑
하고
있다

사랑
그
고독한 뿌리 깊이에 대하여

살랑이는 바람

살랑이는 바람

봄이 오면
난 이제 살겠구나

넘치는 햇살에
난 이제 웃어

숨 쉴 수 이 공기에
난 더욱 삶을 누리겠지.

계란찜

몽글몽글
푹신푹신
노오란 빛깔을
뽐내며
맛깔스러운
따뜻함이
향기롭게
난다

내 마음은 내가 더 잘 안다

귀 기울일 수 있는 자그마한 에너지를
느끼고 가야 한다

씨앗 속에 피어날 꽃이 무엇인지
중심을 잡고 알아야 한다

할 수 있다면 해야 하고
할 수 없다면 놓고
바라봐야 할 것이다

내게 다가오는 것이 무엇인지
그것은 내가 더 잘 안다.

제4부

행복이 알알이

살아가는 방법 이야기

어떤 이야기를 꺼낼까
고민고민하다가
나온 이야기들

내 것을 풀어내고
답하는 지점에서
우리는 다시 하나가 된다

다시 엮어지고
묶어지고 풀기를 여러 번

짜임새 가득한
옷감이 되어
어떤 모양새를
갖는다

사는 것도
완성품을 향해 가는
단 하나의 이야기

우리 이야기

행복이 알알이

행복이 알알이 박혀
해바라기 노을이 된다

사라질 때
더 아름다워

그 그윽함에

자꾸만
내 가슴 한구석에
담아둔다

이제는
눈에도 넣고
손에도 넣으며
결국에 고스란히
수 천장의 사진이 저장된다.

봄 사세요

2018년
셋째 아이가 태어나고
나는 봄을 사러 갔다

향기부터 기억되는
종로 샛길에서
꽃을 산더미처럼 쌓아두고 파는 아저씨가
칭칭 종이에 감아서 내게 주신다

단돈 2000원에
몸부터 영혼까지 행복해지는
봄을 산다

목청 우렁차게
말씀하신다

"봄 사세요"

녹음

녹음이 짙게 내리는 날에는
고골 집이 생각난다

내 배 안에는
셋째가 막 들어섰고
조금씩
걷다가
목이 잠길 때까지
숲을 헤치고
달려나갈 때쯤에 이르러

여름이 통째로
나를 집어삼키는 기분이 들었다

온 세상이 메아리치며
울어내는 풀벌레 소리도
초록밖에 보이지 않는 주변에
나 혼자인 듯
덩그러니
고요히

나를
봤다

어느새 나도
'초록색'이
되어 버렸다.

그 어떤 이야기

그 어떤 이야기라도 좋아
쓰다 보면 늘겠지
이 펜을 주신 의미가 무엇일까?

잘 쓰라고
기가 막히게 쓰라고 말이야

나를 아는 걸까?

내 이야기는
이 펜에서 나오는구나.

수도꼭지

철철 넘치게 울어본 적이 있던가
멈출 수가 없어서
수도꼭지를 틀고 닦아내도
계속 흘러내리던 눈물

슬픔을 모았다

차곡차곡 애써 모았다
나의 깊숙한 과거로 돌아가며
나는 나를 깨우친다

"가서는 안 돼"
"정말 안 돼"

외치는 내 몸이
고목나무처럼 서 있다

슬픔을 모았다

내 몸이 터질 것처럼
울고 있었다
세상 빛으로
부딪치는 내 모습이었다.

빗소리는 음악소리

빗소리는 내 친구

내가 불안하면
내 친구는 비로 내려와준다

내가 여기 있다고

토톡 토톡
쏴아아 쏴아아

투툭투툭
틱 틱

스며드는 고운 빗소리

'내가 여기 있어'

눈치

단순한 뉘앙스
풍기는 분위기

뜨거운지 차가운지
그 정도는 나도 안다

웃을 타이밍이랑
조용해야 할 정적의 시간도

서로 만나면서
알아가는
'관계 맺기'라는 사실도

안다

그 눈치!

광주향교

가을이면
이곳에 와야 하는
의무가 생긴다

조용히
내 마음을
들어주던
작은 향교

굴러다니는 가을이
웃으며 같이 놀자는 마냥
내 마음이 향기로워지는 곳

가족 모두가
설레어
자꾸만 오게 되는
광주향교

엄마 어디 있어요

칠흑 같은 밤에

엄마가 생각이 나면
종이를 접어요

내 안에 엄마가 나올 수 있도록요

엄마!
엄마! 어디 있어요?

현재

집중할 수 있는 마음
설레는 순간을 담는 그릇
글이 담겨져서 내놓는 현재
얼마나 감사한 순간인지
내가 좋고 세상이 좋은
단 한순간

채워지는 시간

밀물 썰물이 왔다 갔다
시간이 가다 오다
내 마음도 기특하게
오고 간다

그래야지
아무렴
그렇게
채워지는 거겠지

자연스러워지는
그 어떤 채움이
나를 씻긴다.

듬뿍

너에게 주려고
듬뿍 담고 있어

너에게만큼은
특별히 담고 싶은
사랑이 있거든

듬뿍듬뿍

언제나 환하게
지켜줄 빛을 선물할래

듬뿍듬뿍

오늘도 환한
빛들이 쏟아진다.

허공

아무것도 느껴지지 않을 때는
빈 하늘을 보세요

눈부터 맑아지는 세계를
보고 나면…

귀를 열어보세요

아무것도 위험하지 않다고 느껴질 때면
외치세요

"나는 안전하다"라구요.

자세

올곧은 자세로
자신을 세운다

이내
내가 누구인지 아는
시작을 한다

타닥타닥 글을 쓰며
글의 소리를 내 머리에 마음에
새겨 나간다

'다시 세워야지'
'다시 세워야지'

올곧은 자세로
자신을 일으키는

스스로의 사람이
되어간다.

거친 사람이

거친 사람이
순한 양이 되어가는 것은

무엇을 초월할 때이다

속도를 높이고
퍼즐을 맞추어가는
인생의 전환점에는

무엇을 받아들이는 때이다

내려오는 길 앞에
물이 흐르듯
곱게 소리칠 때도

그 무엇이 그 무엇을
거친 사람을
아름다워지게
만드는 것이다.

그려나가는 일

어느 한순간을 고정하여
그것을 그려나가는 일은
보다 간직하고픈 그림이다

실재하지만
멈춰있는 그것은
내가 꼭 그려나가야만 하는 일이다

나의 길에 만난 모든 것들이
변화하면서도 멈추어 있는
생동감 있는 그것은
그려나가야만 한다

나의 안길에 펼쳐지는 내 세상이다.

지독한 숨결

계속 있다는 것을 알면서
느껴지는 숨결이 압박해온다

같이 숨 쉴 수밖에 없단 걸

아니깐

쉰다
쉰다
쉰다.

에필로그

 내가 살아야 하는 이유를 알려주는 것들은 내 주변에 혼재해 있다. 나는 죽지 않았고 죽어가고 있다. 사랑하고 아프고 넘어지고 일어서기를 반복하며 나는 나의 글이 빛이 되길 바람으로 끄적거리기를 수십 번, 수백 번, 수천 번을 통해 나온 내 시집이다. 아니 우리 모두의 시집이다. 당신의 감정을 건드려 줄 사이사이에 내가 있으니 좋다. 나는 그림자처럼 어떤 풍경처럼 그저 공기처럼 당신 옆에 있을 것이다. 당신에게 평안하게 읽힐 수 있도록 나의 기억과 성찰들을 담아냈다. 이는 시를 쓰면서 살아가는 한 사람의 이야기이다.
 영원히 당신의 영혼에 새겨질 아름다운 흔적처럼…

　佳